Mein Gitter und andere Gedichte

Frederick George Scott

Writat

Diese Ausgabe erschien im Jahr 2024

ISBN:

Herausgegeben von
Writat
E-Mail: info@writat.com

Inhalt

MEIN GITTER.

MEIN Gitter blickt nach Norden ,
die eindringenden Winde sind kühl;
Nachts sehe ich die Sterne hervortreten,
Arktur in der Mitte .

Der zugezogene Vorhang an meinem Fenster
ist ein taufeuchter Nebel, der verweilt,
bis meine Zofe, die rosige Morgenröte ,
ihn mit ihren Fingern hochhebt.

Die Spatzen sind meine Morgenglocke ,
jeden Tag freut sich mein Herz, wenn
sie von dem Spalier, wo sie wohnen,
mich mit ihren Stimmen rufen.

Dann, wenn ich mit halb geschlossenen Augen träume ,
ohne ein Geräusch oder eine Bewegung, wird
dieses kleine Quadrat des Himmels für mich
zu einem grenzenlosen Ozean.

Und sofort entrollt meine Seele ihre Segel,
um jenes blaue Himmelsmeer zu durchtrennen .
Meine Phantasien sind die lautlosen Stürme
, die es für immer weitertragen.

Ich segle in die Tiefen des Weltraums
und lasse die Wolken hinter mir .
Ich passiere das Versteck des alten Mondes.
Die Strahlen der Sonne können mich nicht finden.

Ich segle jenseits des Sonnenlichts ,
jenseits der Sternbilder, durch die Leere, wo
neue Systeme und Schöpfungen in Sichtweite kommen .

Ich gehe an großen Welten aus schweigendem Stein vorbei ,
aus denen Licht und Leben verschwunden sind,
die in unbekannte Gebiete weiterwandern,
verbannt in einsames Exil.

Ich begegne Sphären aus feurigem Nebel
, die mich beim Eintreten wärmen , wo sich
die Regenbogenlichter – Rubin, Gold und Amethyst –
konzentrieren .

Und weiter segle ich in die Weite,
immer neue Wunder entdeckend,
bis ich schließlich den Verstand verliere
und plötzlich zurückkehre,

Ich spüre den Wind, der kühl wie Tau auf
mein Gesicht fällt,
und sehe wieder meinen blauen Fleck
und höre die Spatzen rufen.

SAMSON.

In die Nacht
VERSUNKEN , SITZE ICH ALLEIN UND ohne Augen auf diesem Kerkerstein ,
nackt, zottig und ungepflegt, und
träume Träume, die noch keine Seele geträumt hat.

Ratten und Ungeziefer
spielen unversehrt um meine Füße und sind süße Gefährten .
Spinnen weben über mir
seidene Vorhänge für mein Bett.

Tag für Tag rieche ich den
Schimmel dieser mit Pilzblasen übersäten Zelle ;
jede Nacht kriechen im gequälten Schlaf
die Eidechsen über mein Gesicht.

, kratzen und verbrennen Eisengelenke
an meinen Handgelenken und Knöcheln ,
und mein umwickelter Hals ist wund
von den nagenden Messingzähnen.

Gott Israels, siehst Du meine
grausame Gefangenschaft?
Spürst Du meine Schmerzen?
Hörst Du das Klirren der Ketten?

Du hast mich so schön gemacht ,
stark und federnd wie die Luft,
groß und edel wie ein Baum,
mit den Leidenschaften des Meeres,

Schnell wie ein Pferd auf meinen Füßen ,
wild wie ein Löwe in meiner Hitze,
zerreißend wie ein Büschel Heu,
alles, was es wagte, sich meinem Weg zu widersetzen,

Kannst Du mich durch die Dunkelheit
dieses unterirdischen Grabes sehen,
den geblendeten Tiger in seiner Höhle ,
einst der Herr und Prinz der Menschen?

Ich war Ton; der Töpfer, du
glättest mit deinem Daumennagel meine Stirn und
rollst den mit Speichel angefeuchteten Sand
zwischen deinen Händen zu Gliedern.

die Wut des Feuers und der Flut in mein Blut gegossen
und
am grenzenlosen Himmel
als Erstes meine Augen geöffnet.

Und mein Lebenshauch war eine Flamme ,
die gottgleich aus der Quelle kam,
wirbelte herum wie ein wütender Wind und ließ
Gedanken in meinem Kopf aufsteigen .

Du hast mich stark gemacht , bis schließlich
meine ganze Schwäche zu meiner Stärke wurde .
Gefoltert werde ich, blind und zerstört,
wegen eines fehlerhaften Architekten.

War es zu fraulich,
vor der Frau an meiner Seite zu verbergen ,
was sie mich fragte, als ob Angst hätte,
könnte mein eisernes Herz ihr nahe kommen?

Nein, ich verachtete und verachte immer wieder
Feiglinge, die ihre Zunge zurückhält .
Deine Gesetze interessierten mich nicht mehr
als ein Windstoß aus verstreutem Stroh.

Als die Erde bei meinem Namen bebte
und mein Blut in Flammen stand ,
wer war ich, dass ich lügen und
die betrügen sollte, die sich an meine Füße klammerte?

Aus Deinen offenen Nasenlöchern wehen
Wind und Sturm, Regen und Schnee .
Verfluchst Du sie auf ihrem Weg
wegen der Wut ihrer Gewalt?

Ich werde gefoltert, gequält und gebeugt ,
doch meine Seele ist stolz; die Fesseln der Kerker können

die Kräfte des unzähmbaren Willens nicht beruhigen .

Gott Israels, komm herab und sieh
meine grausame Gefangenschaft .
Lass deine Sehnen meine Schmerzen spüren und
löse mit deinen Fingern meine Ketten.

Dann tröste Dein rebellisches Kind mit lautem und wildem
Donner
und spalte mit einem Blitz das
lieblose Herz und das blinde Gehirn in zwei Teile.

Gib mir Glanz in meinem Tod –
nicht diesen widerlichen Kerkeratem ,
der wie Schleim durch mein Blut kriecht,
bis er mich in meiner Blütezeit vernichtet.

Gib mir für eine blinde Stunde die Hälfte meiner früheren Wut und Kraft
zurück ,
und
schicke mir eine gewaltige Krise,
die sich als Heldentod erweist.

Dann, oh Gott, zeige Deine Gnade –
zerschmettere den,
dessen Leben sie verachten und auf dessen Größe sie zeigen ,
und zerreiße es mit Füßen.

IN DER VIA MORTIS.

O ihr große Schar der Toten, die ihr
unter der grünen Rinde der Welt schlaft, ich komme zu euch,
mit warmen, weichen Gliedern, mit Augen, die lachen und weinen, mit
einem Herzen, das stark ist für die Liebe, und einem Gehirn, das durch und
durch durchbohrt ist
mit Gedanken, deren rasche Blitze meinen Tag erfüllen —
zu euch nimmt mein Lebensstrom seinen Weg
durch die Randuntiefen der ewigen Tiefe.

Und nackt werde ich zu euch kommen, befreit
von aller Eitelkeit des Lebens, seinem Licht und seiner Macht,
seinen irdischen Begierden, seinem kleinlichen Hass und seiner Verachtung,
den Gaben und dem Gold, die ich eine Stunde lang schätzte;
und selbst aus diesem Haus aus Fleisch werde ich entblößt —
mit einer Seele, durchsichtig wie hitzebebende Luft —
in eure Gemeinschaft hineingeboren.

Ich kenne euch nicht, ihr großen Gestalten gigantischer Könige,
die die Herrschaft in eisernen Händen hielten,
die mit Schlachten und allen mutigen Dingen spielten und
euch für Götter hielten, als ihr im Sande
die Felsbrocken der Erde zu einem Haufen auftürmtet,
um die Erhabenheit eures Schlafes zu kennzeichnen und zu bewachen,
und den Kelch trankt, den der Tod, unsere Mutter, bringt.

Ich kenne euch nicht, große Krieger, die ihr gekämpft habt,
als das Blut wie ein Fluss zu euren Füßen floss ,
und jeder Tod, den eure donnernden Schwerthiebe herbeiführten,
süßer war als der wilde Kussregen der Liebe.
Ich kenne euch nicht, große Geister, die ihr mit der Feder
Hoffnungen , die Hoffnung nähren, und Gedanken, die Gedanken
entfachen , in die feurigen Herzen der Menschen gegraben habt
.

Doch ihr seid dort, versammelt im Reich,
wo zungenlose Geister von Herz zu Herz sprechen
und augenlose Seeleute ohne Ruder
die Meere hinabsteuern, wo sich
die windstillen Wolken stets schließen und teilen. Und alles, was ihr wisst,
ist dies:

Ihr seid nicht mehr so wie ihr wart in Schmerz oder Glückseligkeit,
sondern eine seltsame Taubheit überwältigt alle Gedanken .

Und ich werde euch begegnen, oh ihr mächtigen Toten.
Kommt spät in euer Königreich durch die Tore
einer wilden Angst , wohin ich trete,
mit einem Herzen, das jetzt vergisst und jetzt nachdenkt
über die weiten Felder, die sich in die Ferne erstrecken,
wo die Toten jenseits der Grenzen des Tages umherwandern,
vorbei an Leben, Tod, jedem Schmerz und jeder Angst.

Oft, wenn die Wintersonne sich hinabneigt, um
über den langen, klaren, vergoldeten weißen Feldern zur Ruhe zu kommen,
und
die graue Flut der ertrinkenden Nacht
lautlos auf der ebenen Brust der Erde umspült, kriecht
ein Flüstern wie das Rollen einer fernen Schlacht
, das man über den Bergen hört, in meine Seele,
und dort bewirte ich es wie einen Gast.

Es ist das Echo eurer früheren Schmerzen, ihr
großen Toten, die ihr so reglos unter der Erde liegt.
Seine Stimme ist wie der Nachtwind nach dem Regen,
der Flug der Adlerflügel, die einst gebunden waren.
Und während ich in der sternenklaren Luft lausche,
wird mein Geist stärker als die Verzweiflung,
bis ich in eurer Macht die Ketten des Lebens im Gefängnis zerbreche.

Dann steige ich schnell zu euren dunklen Wohnstätten auf,
unsichtbar, jenseits der Sichtweite, wo ihr jetzt wohnt
in Häusern, die aus Träumen geschaffen sind, an dunklen Straßen
, die in Labyrinthe führen, wohin niemand sagen kann,
denn diejenigen, die sie beschreiten, werden am Wegesrand schwach.
Und immer, wenn sie durch das graue Zwielicht gehen,
geht der Zweifel neben ihnen her und ein Schrecken stachelt sie an.

Und dort heißen mich die großen Toten willkommen und bringen
ihre Becher geschmackloser Freude an meinen Mund.
Hier bin ich wenig wert, dort bin ich der König. Denn das pulsierende
Leben löscht noch immer
den Durst meiner Seele .
Und wer noch immer das Geschenk des Lebens besitzt,

ist mächtiger als die Helden vergangener Kämpfe
, die bei der großen Ernte des Todes dahingemäht wurden.

Und hier und da, entlang der stillen Straßen,
sehe ich ein Gesicht, das ich kannte, vielleicht liebte.
Und während ich es nenne, wiederholt jede leere Wand
den ausgesprochenen Namen, und schnell hat sich die Gestalt bewegt
und ohne auf mich zu achten, geht es weiter und weiter,
bis, siehe da, das Bild aus meinem Blickfeld verschwindet,
sanft, wie die Nacht sich beim Anblick der Morgendämmerung zurückzieht.

Doch muss die Vision des Lebens schwinden, und ich werde kommen,
oh mächtige Tote, in euer verborgenes Land,
wenn diese Augen nichts sehen und diese Lippen stumm sind
und alle Blumen des Lebens dieser kraftlosen Hand entgleiten.
Dann werdet ihr euch wie eine Flut um mich scharen
und hinter euren Gesichtern die seltsame Szenerie verbergen,
während eure unheimliche Musik alle Sinne betäubt.

So möchte ich die kurze Spanne dieses Lebens leben, großer Tod,
wie Ihr sie einst gelebt habt, mit eisernem Willen,
einem Herzen aus Stahl, das es zu erobern gilt, einem Geist, der
von den größten Hoffnungen und Zielen genährt wird, bis
Ihr mir, zu Eurem Wohlgefallen, einen königlichen Thron bereitet und
die Seele, die auf meinem Sterbebett von mir gewichen ist, als Eure
Verbündete willkommen heißt .

THOR.

HIER stand der große Gott Thor ,
dort setzte er seinen Fuß auf,
und die ganze Welt bebte, von der Küste
bis zum Kreis der Berge, den Gott
in einstigen Tagen als Krone errichtet hatte.

Die Wellen des Meeres erhoben sich ,
die Bäume des Waldes wurden entwurzelt ,
von der Schneekrone der Alpen
wurde die Gletscherlawine
donnernd am Ende des Tages herabgetragen.

Doch die Mondfrau rollte sich zu seinen Füßen zusammen,
wie Rauch, der sich nicht rührt,
wenn die Sommerhügel vor Hitze in Ohnmacht fallen,
bis seine Leidenschaft sich auf sie
richtete und die Scham seines Nachgebens süß wurde.

Leerte den Wagen der Mondfrau ,
und er schwebte träge davon,
umgekippt, als sie ihn weit weg zurückgelassen hatte,
blass im roten Tod des Tages,
mit seiner Unterlippe, die sich in einen Stern verwandelte.

Furchterregend war das Gesicht des Gottes ,
stur im Bewusstsein seiner Macht.
Auf sein Nicken hin wichen die Meere zurück,
und die Gewitterwolken senkten sich mit ihrem Donner,
während er den Blitz wie einen Stab zerbrach.

Sein Gesicht war im Krieg furchterregend ,
sein Blick war eisern und voller Hass.
Durch den dichten Schlachtrauch und das Gebrüll
schritt er mit unbesiegbarer Wucht
, bis die Legionen vor Thor zurückwichen.

Doch das weiße Ding, das sich zu seinen Füßen zusammenrollte,
erhob sich langsam wie Nebel neben ihm ,
unbestimmt, blass, unvollständig,
bis sie die Seiladern an seinem Handgelenk berührte
und die Liebe mit einem Schlag durch sein Herz pulsierte.

Dann blickte er hin, und ihre Augen wuchsen unter ihrem Haar hervor ,
als wären sie aus einem Nebel hervorgewachsen.
Und ihr Fleisch war fester und schöner
mit der Tönung des traurigen Himmels,
von der Sonne verhüllt und von dünner Luft verhüllt.

Sie schien von jedem liebenswerten Ding
die Seele zu sein, die es mit Anmut erfüllte ,
ihre Gedanken waren das Lied der Vögel,
die Pracht der Blumen war ihr Gesicht
und ihr Lächeln war das Lächeln des Frühlings.

Wie verrückt
schoss ihm das Blut vom Herzen ins Gehirn , bis seine Gedanken und
Sinne
im Schmerz einer Sehnsucht
ertranken ,
in einer Stille, die lauter war als alle Geräusche.

Dann neigte der Gott sein Gesicht und sagte :
„Liebste", sagte er, „wenn
mich der Tod mit Totenköpfen an diesem Ort verspottete
und das Alter und erschöpfte Kraft und erschöpften Atem,
würde ich mich dennoch deiner Gnade beugen.
„Doch würde ich dich umkreisen, Liebes,
mit diesen Armen, die von Kriegen rauchen,
obwohl der Vater sich oben versammelte und
in seinem Zorn jeden Ozean, der brüllt,
jeden Felsbrocken, den die Wasserfälle schieben,

„Von seinem Thron auf mich herabzustoßen ,
selbst wenn die Flut so weit wäre wie der Himmel.
Ja, Liebling, ich gehöre dir, ganz dir ,
stark wie der Ozean, um
als Sklave nur deinem Befehl zu gehorchen."

Die Falten ihres Gewandes fielen weich ,
als sie ihre Augen zu ihm hob:
„Nein, Liebling, denn ein Mann spricht oft
mit Worten, die heiß sind wie ein Kuss,
doch die Liebe eines Menschen kann aufgesetzt sein und doch töricht ."

„Die Liebe möchte das Leben als ihr Feld haben —
die Liebe möchte den Tod als ihr Ziel haben ;
und die Leidenschaft des Krieges muss
der Leidenschaft der Liebe in der Seele weichen,
und die Augen, die die Liebe küsst, bleiben versiegelt.“

„Würdest du es lieben, wenn der Spott der Welt
dein Haupt mit seinen Dornen bedeckte ,
wenn
du, weich wie ein in seiner Wiege zusammengerolltes Kind, von Wünschen gefesselt und
hilflos da liegst, wenn die Fahnen entrollt werden?“

Der Zorn des Gottes brach heftig aus ,
entflammt von den Flammen seines Blutes:
„Wen kümmert es , welche Worte gesprochen werden?
Denn die Füße dieser Liebe sind eine Flut ,
und ihre Finger die Last eines Jochs.“

„Ich beuge mich, Süße, seiner Macht ,
ich, der ich mich vor niemandem gebeugt habe.
Ich bringe dir meine Kraft als Mitgift
und Taten wie den Weg der Sonne.
Ich gehöre dir für ein Zeitalter oder eine Stunde.“

Dann entrollte die Mondfrau sanft
den Gürtel aus verschlungenen Armen und
löste das Gold ihrer Locken,
bis es von ihrem Kopf auf ihre Hüfte
und dann von der Hüfte auf den Boden fiel.

„Liebling, du gehörst mir, du gehörst mir“,
sprach sie leise einen Zauberspruch ;
„Unter dem Schaum ist der Wein,
Unter dem Ozean ist die Hölle,
Über dem Ozean leuchten die Sterne.“

„Wiegt ihn ein, ihr Winde des Südens,
bezaubert ihn, ihr singenden Flüsse,
lasst Blumen seinen Mund küssen,
lasst sein Herz das Herz des Frühlings sein
und seine Leidenschaft die heiße Sommerdürre . “

streckte rasch ihre Hände aus und
formte aus ihrem Haar eine goldene Kuppel.
Er steht sprachlos vor Erstaunen,
bis
der Mondwagen ohne ein Geräusch in der Luft zum Sand hinabfährt.

Er nimmt ihre Finger in seine ,
seiner Kraft und seines Willens beraubt;
sein tapferes Herz zittert vor Glück —
zittert und will nicht still werden,
verrückt vom Wein ihres Kusses.

Sie steigen in den Wagen, und seine Strahlen
schießen über Meer und Erde und kleiden
die Berge, in denen Flüsse entspringen,
und die Seen, die von den Strömen gespeist werden, in ein Netz aus
Träumen .

Der Wagen steigt rasch empor,
versilbert auf seinem Flug die Wolken und
durchdringt den Äther
in der Ferne, bis zu einer unsichtbaren Brücke
, die den Weg eines Sterns säumt .

Ein Ende der Brücke lag auf dem Land ,
das andere hing über der Tiefe.
Sie war aus Seilen aus grauem Sand geformt
und mit Schlaf zusammengeklebt,
wobei ihre Untergurte die Form einer Hand hatten.

Das Land ist angenehm für den Anblick ,
beladen mit Blüten und Bäumen,
und die Gräser links und rechts
wehen im Wind wie die Meere,
wenn der blaue Tag hoch am Himmel steht.

Unter den luftigen Lauben
lagen Mooskissen ,
und während der schwülen Stunden
plätscherten feengleiche Springbrunnen und
kühlten die Erde mit ihren Regenschauern.

Der Horizont war von blauen Hügeln gekrönt ,
und Wälder und Wiesen waren
von einer Pracht erleuchtet, die
die Seelen wie im Traumland erzittern lässt,
wo die Nachtigallen zu den Flüssen singen.

Hirsche und weiße Kühe weiden
an den schaumbedeckten Ufern des Sees ,
und durch viele blühende Wiesen
und aus vielen Wäldern und Dickichten huschen
die goldenen Paradiesvögel.

Die geschmeidige Mondfrau führte weiter
zu einer Laube auf einem Hügel
, auf deren Tür die Blumen
von einem Springbrunnen regneten, der so beständig und still war
wie der Bogen in den vergangenen Wolken.

„O Liebling, du bist müde", sagte sie ,
„Wer hat einst warst so tapfer und stark,
und hier werde ich dir ein Bett machen,
und hier werde ich dir ein Lied singen
zur Melodie der Blätter über dir.

„Und hierher wird deine große Kraft fließen ,
dahinschmelzen in der süßen,
sanften Berührung unaussprechlichen Leids,
das das Herz vollkommener Freude ist
und der Geschmack des Vergnügens, das wir kennen."

Wo das Moos zu einem Haufen aufgetürmt war ,
legte er seine riesige Gestalt nieder,
und sie verzauberte alle seine Sinne in den Schlaf,
mit ihren Händen auf seinem Kopf wie eine Krone,
bis er nur noch tief atmen konnte.

Mit einem Geräusch wie das Zischen einer Schlange neigte
die Mondfrau ihren Kopf
und sog ihm mit einem Kuss den Atem aus —
einem Kuss, der subtil und furchtbar war,
wie der Kummer, der in der Glückseligkeit lauert.

Dann erhob sie sich und bewegte ihre Hände
in Kreisen über dem Rasen ,
und ihr goldenes Haar umwebte sich in Strähnen
um die Glieder des schlafenden Gottes,
mit der Kraft von Diamantbändern.

Sie öffnete die große, geballte Faust ,
und leise zog sich die Dame zurück.
War es nur eine Schlange, die zischte?
Denn ihr Gesicht ist durchsichtig wie Tau ,
und ihre Kleidung ist dünn wie der Nebel.

Gebannt lag Thor auf dem Boden des Traumlandes ,
angekettet mit goldenem Haar,
schwach wie ein Baby,
während der Brunnen sanft in der Luft plätscherte
und die Nachtigallen immerfort sangen.

Wie ein Baby in seiner Wiege war er mit der Kette seiner Wünsche
gefesselt,
obwohl man seinen Arm in der Welt brauchte,
denn
der Kampf und seine Feuer tobten
und die Flaggen der Götter waren entrollt.

Dann berief Odin, der Vater des Himmels ,
einen Rat der Götter in die Höhe.
Jedem wurde eine weiße Wolke
am Fuße seines Thrones im Himmel gegeben.
Und sein Thron hatte sieben Stufen.

„Kinder", rief der Vater ,
„verloren ist der große Gott Thor.
Verloren ist das Schwert an seiner Seite.
Verloren ist sein Arm im Krieg
und die Wut, die allen Dingen trotzte."

„Im Herzen einer Laube im Traumland schläft
er verzaubert,
denn er hat für eine Stunde seine Kraft aufgegeben und
ist nun durch eine unbesiegbare Macht in die Maschen der Hölle gefesselt.

„Niemand darf die Maschen lösen ;
sein Wille muss wieder stärker werden,
und er selbst muss seinen Geist
von den Träumen befreien, die er noch immer träumt,
umschlungen von den Locken der Mondfrau.

„Der Weg über die Berge ist trostlos und öde,
er muss ihn mit seiner Last
zurücklegen ,
auch wenn die Unterbremsen knistern und brennen,
auch wenn die Schlangenbisse Blasen werfen und reizen.

„Sünde ist nicht nur ein Schatten ,
der wie Wein an den Lippen klebt und
von Mund und Kinn gewischt werden muss,
nachdem der Mensch einen Schluck genommen hat,
sondern ein Gift, das im Inneren lauert .“

„Die Kräfte, die das Meer zurückhalten ,
die die Erde von unten zerreißen,
sind nicht älter als jene, die
die Hochzeit der Sünde mit dem Tod
im Sünder verhängen, wer immer er auch sei.“

„Wer von uns wird
in das todesverseuchte Land aufbrechen ,
den Gefahren trotzen und so
das Herz und die Hand
und die Gestalt des verborgenen Gottes erreichen?“

„Sire“, antwortete Balder der Schöne ,
„die Reise ist lang und steinig,
es lauern viele Gefahren,
aber mein Herz und meine Arme sind stark
und meine Seele ist so rein wie die Luft.“

„Ich werde gehen, denn wir brauchen ihn im Krieg ,
und ohne ihn kämpfen und sterben wir. Ich werde die
Rüstung anlegen , die er trug
, und sein Schwert um meine Hüfte gürten.
Ich werde dabeisitzen und sagen: ‚Ich bin Thor.‘

„Vielleicht wird er, wenn er die Augen öffnet ,
seiner eigenen Panzerung beraubt ,
von Wut und Überraschung ergriffen,
vor Zorn und Hass brennend,
aus dem Bett springen, in dem er liegt.

„Schnell wie der Kuss des Feuers wird
das Wissen in sein Gehirn blitzen,
und der Gedanke an sein früheres Ich wird
seinem Geist wieder
Tapferkeit verleihen, bis er die Fesseln der Begierde zerreißt.“

So ging Balder, der Schönste von allen und
Reinste der Götter neben dem Thron,
aus der himmlischen Halle
allein in die Dunkelheit,
um den Gott aus seiner Knechtschaft zu befreien.

Schwarz war das Ross , das er ritt,
mit Flügeln und Augäpfeln aus Feuer. Es
marschierte von Berg zu Berg und
verschmähte die Täler wie Schlamm,
bis es mit seiner Last in die Luft sprang.

Dann sprang es schnell, mit gebogenem Hals ,
halb im Rauch seines Atems verborgen,
nach oben und schleuderte
Salven und Splitter des Todes
aus dem Feuer seiner Hufe auf die Welt.

Die Mondfrau lehnte sich aus ihrem Wagen
und betrachtete den wilden Lauf des Gottes ,
denn wie bei der Geburt eines Sterns
brannte in der Ferne am Himmel eine Feuerspur, gerade wie ein Stab .

Dann zitterte sie und wurde krank vor Angst ,
bis ihr Gesicht so weiß wurde wie der Nebel,
wenn im Morgengrauen die Sterne verschwinden,
und ihr Körper sich zusammenrollte und entwirrte
wie die Windungen einer Schlange, die in einem Wehr gefangen ist.

Ihr Herz war ein erloschenes Feuer ,
ihre Lippen konnten keinen Zauberspruch aussprechen,
und sie duckte sich vor seinem Blick, als er ging,
während Balder ohne Schaden
unter dem Schild einer reinen Absicht vorbeiflog.

Er kam zum Gemach der Mondfrau ,
gürtete sich das Schwert um die Hüfte
und legte den Gürtel der Macht an,
losgebunden von dem daneben liegenden Gott.
Und wartete weder einen Tag noch eine Stunde.

Denn erschrocken erwachte der Schläfer,
mit schwarzem Gesicht wie ein Sturm am Himmel;
doch Balder saß aufrecht und sprach nicht,
bis die Flammen aus Thors Augen schossen
und er das leidenschaftliche Schweigen brach.

„Wer ist es, der mich verspottet, wenn der Traum vorbei ist ,
mit einem Helm, der meinem gleicht, und der
die Rüstung , die ich trug,
von den süßen seidenen Netzen löst, die sich um mich schlingen?“,
sprach Balder. „Siehe! Ich bin Thor.“

„Ich bin der, der ‚ Donnerer ‘ genannt wurde ,
und mein Ruhm ist so weit wie die Welt.
Vor meinem Zorn erzitterten die Felsen
und die Wellen des Meeres kräuselten sich,
doch jetzt bin ich schwach und gebannt.

„Der Kampf auf der Erde tobt erbittert ,
während ich hier untätig und regungslos sitze.
Die Hoffnungen meiner Geburt bleiben unerfüllt,
denn die Kraft des Geistes liegt im Willen,
und der Wille ist stärker als der Körperumfang.

„Die Feinde der Götter werden kühn und
verspotten die Armeen des Himmels.
Bei ihren Banketten wird die Geschichte erzählt:
‚Das Herz einer schwachen Frau wurde
Thor gegeben, dem Rächer der alten Zeit.‘

„Und die Frauen, die bei der Pritsche sitzen ,
singen: ‚Schlaf, denn der Gott kann nicht kommen;
Schlaf, denn der Rächer ist nicht da;
Still, lass sein Lob verstummen;
Still, lass seinen Namen vergessen werden.‘ “

Dann entkam der Gott, von Schmerz geplagt ,
beschämt und bis ins Herz getroffen, der
Stimme eines Gottes wieder,
seine Fesseln zerreißend, und
der Kette der Mondfrau entflohen.

Brunnen, Wiesen und Bäche
in der Nacht , nie
erhellte
ein Lichtschimmer den Palast der Träume,
als der Gott sich ohne Sicht auf den Weg machte,

Zurück zum himmlischen Ufer ,
über Berge und wilde Schluchten,
Sümpfe und tosende Meere,
bis die Pforten des Himmels sichtbar wurden
und er wieder in Walhalla stand.

DIE FEHDE.

„ICH HÖRE einen Schrei aus der Sansard- Höhle ,
oh Mutter, wird niemand zuhören?
Einen Schrei der Verlorenen, wird niemand retten?
Einen Schrei der Toten, auch wenn die Ozeane toben ,
und das Kreischen einer Möwe, die über einem Grab kreist,
während die Schatten immer dunkler werden.“

„Oh, sei still, Kind, denn die Nacht ist nass,
und die Wolkenhöhlen brechen auseinander,
mit Blitzen in einem gezackten Netz,
wie das Glitzern eines Lachses im Netz,
wenn die Felsen im Rot des Sonnenuntergangs leuchten
und der Strom donnernd herabrollt.“

„Mutter, oh Mutter, ein Schmerz in meinem Herzen ,
ein Schmerz wie der Schmerz des Sterbens.“
„Oh, sei still, Kind, denn die wilden Vögel huschen
auf und ab, nähern sich und teilen sich ,
kreisen dort, wo die schwarzen Klippen beginnen,
und der Schaum zu ihren Füßen fliegt.“

„O Mutter, ein Streit wie der Streit der schwarzen Wolken ,
und ein Frieden, der danach kommt.“
„Still, Kind, denn Frieden ist das Ende des Lebens ,
und das Herz eines Mädchens findet Frieden als Ehefrau,
aber der Himmel und die Klippen und das Meer sind voll
vom Gelächter des Sturms und des Donners.“

„Kommt herein, meine Söhne, kommt herein und ruht euch aus ,
denn die Schatten werden immer dunkler,
und eure Schwester ist blass wie die Brust eines weißen Schwans,
und ihre Augen sind starr und ihre Lippen gepresst
beim Tod eines Namens, den ihr hättet erraten können,
wenn ihr beide hier gewesen wäret, um zuzuhören.“

„Still, Mutter, eine Leiche liegt im Sand,
und die Gischt ist um sie herumgetrieben,
sie liegt auf ihrem Gesicht, und eine weiße Hand
zeigt durch den Nebel am Strand
dorthin, wo die Klippen von Sansard stehen
und die Kraft des Ozeans gespalten ist.“

„War es Gott, meine Söhne, der ihn dort hinlegte?
Oder das Meer, das ihn schlafend zurückließ?“
„Nein, Mutter, unsere Dolche, wo sein Herz bloß lag ,
so schnell wie der Regen durch die Zähne der Luft;
und die Schaumfinger spielen im Haar des Sachsen,
während die Fluten um ihn herumkriechen.“

„Oh, Fluch auf deine Hände und dein Haupt ,
wie der Regen in diesem wilden Wetter.
Die Blutschuld ist schnell und furchtbar.
Das Gesicht deiner Schwester ist kalt und tot.
Du darfst sie nicht trennen, die Gott vermählen wollte
und die die Liebe zusammengeführt hat.“

DER WUMMSTURM DES PROMETHEUS.

DER Ozean schlägt seine Mittagsharmonien
auf die sonnenbeschienenen Linien der zerklüfteten Küste,
und ein wilder Rhythmus pulsiert durch mein Gehirn
mit Pausen und darauf reagierenden Melodien;
und Himmel und Ozean, Luft und Tag und Nacht
taumeln und taumeln auf meinem brennenden Blut,
rennen hin und her, wirbeln im Kreis,
bis, siehe! der kosmische Wahnsinn einen Hauch
vollkommener Musik durch das Universum haucht.
Ich höre sie mit meinen Ohren, Augen, Händen und Füßen,
ich trinke sie mit meinem Atem, meine Haut saugt aus
jeder fiebrigen Pore feine Klangfäden ein,
die die Schwingungen der windgepeitschten Harfe
der Erde und des Himmels tief in meine Seele stoßen,
bis jeder Sinn mit neuem Leben entzündet wird
und Gedanken aufsteigen, die mir Linderung von meinem Schmerz
verschaffen.

O Frieden, süßer Frieden! Ich schmelze dahin und verebbe ,
strecke auf weichen Felsen meine entspannten Glieder aus,
mit halbgeschlossenen Augen, köstlich gefesselt.
Welche Leidenschaft, welche Wonne, welche Ekstase!
Freude füllt meine Adern mit Strömen der Exzesse;
ich tobe, ich zittere, während
ich mit trägen Augen die heiße Luft auf den Felsen tanzen sehe,
und Himmel, Meer, Landzungen in murmelndem Dunst verschmelzen.

Nun großartiger, mit dem Bass der Orgel, der
die Unterwelt in Dunkelheit rollt, in Verzweiflung
vor jeder Tagesanbruch an ihren tintenschwarzen Himmeln,
rollt die Musik um mich herum und über mich
von zerschmetterten Klippen, aus dröhnenden Höhlenmündungen,
durchbohrt vom Pfeilgeschrei verängstigter Möwen.
Nun belebt Kraft, gedämpft, aber immer stärker werdend ,
meine Glieder wieder; ich fühle meine Macht,
voll wie der flutende Ozean oder die Gewalt
, die die Gletscher an ihren felsigen Füßen schleift.
Meine Hände könnten Berge mitsamt der Wurzel ausreißen ,
mein Arm könnte das Meer vom Ufer zurückschleudern,
um es in seinem schäumenden Bett zu wälzen. Welcher Hass! Welche
Verachtung,

welche grenzenlose Vorstellungskraft dehnt sich aus
und sprengt meinen Geist ins Unermessliche; ich stehe abseits,
ich bin allein, allherrlich , erhaben;
meine gewaltige Gestalt sitzt und brütet wie ein Schatten
auf der Erdkugel, gigantisch, wie der Schatten, der
die Monde verdunkelt. Mit gesenktem Kopf auf der Hand
, in äußerster Düsternis, sehe ich nun
unter meinen Füßen den Strom des menschlichen Lebens ,
die traurige Prozession der Menschheit.

Sie kommen, die Söhne von Hellas, schön ,
schnell im Geist, geschmeidig, mit sinnlichen, lachenden Lippen,
die Freude an jedem Baum des Lebens saugen;
geboren aus Sonnenschein, Wind und Meer.
Sie ziehen vorüber, und siehe, eine mächtigere Nation bewegt sich
in strengen Bataillonen, trampelt Wälder nieder,
spaltet Berge, pflastert Wüstenland
mit Knochen, die selbst in bleichem Zustand dem Feind gegenüberstehen,
schweißt weiche Randvölker zu Eisen,
eine eiserne Hand, um die Welt zu ergreifen und zu halten.

Nun verdunkelt Staub wie Rauch aus Asiens Zentralsteppen das starre
Weiß der Berggipfel,
und die Ebenen wimmeln von Horden der Tataren, von Stuten
gesäugt
, flachgesichtig, unversöhnlich,
tödlich im Krieg, rachsüchtig, tückisch,
braun wie die schroffen Täler des Kaukasus.
Sie ziehen vorüber, und Nationen ziehen vorüber, und wie ein Traum
erhebt sich ein Thron aus dem westlichen Meer ,
das jüngste Reich einer sterbenden Welt.
Während ich hinschaue, schmilzt seine Pracht dahin,
und um mich herum rollt immer lauter werdende Musik,
bis die Sehnen brechen und die Augen blind sind vor Macht,
bis Kämpfe, Schlachten, vermischt mit Rauch und Blut,
Menschen, Nationen, Leben und Tod und trostlose Schreie
in den inneren Pulsschlägen in meinen Ohren zerschmelzen
und ein wilder Sturm das Tageslicht ausbläst.

Und nun bin ich allein unter den Sternen ,
Allein, in unendlicher Stille. Bin ich Gott ,
dass ich so erhaben bin? Woher kommt diese Macht?
Kann mein Wille diese Wüsten nicht

wieder bevölkern ? Ich schreie laut, das Gewölbe des Alls hallt wider ,
und hohl klingende Echos, die von den Sternen
zurückprallen, erschüttern die Erde und zerklüftet
das Meer in Millionen Furchen. Siehe, die Sterne
verblassen nun, die Sonne geht auf, es ist Tag ,
halb Tag, halb Nacht; die Sonne hat ihre Kraft verloren,
ich bin ihr ebenbürtig, nein, ich bin ihr König!
Ich erhebe mich und bewege mich über die Erde, die Meere
sind verschwunden, und ich trete in ihr leeres Bett und
zermalme Kontinente aus zermahlenem Gebein.

O großes Licht, du letztes Höchstes, wozu brauchst du mich?
Denn alles ist tot, Menschen, Nationen, Leben und Tod ,
und Gott ist tot, und hier bin ich allein –
ich, mit starken Händen, um dich von deinem Kurs abzubringen,
grenzenlos in Leidenschaften, Willen, allmächtig.
Die Impulse konzentrieren sich in meinem Herzen
, die einst das Universum erschütterten. O Sonne ,
erkenne jetzt deinen König an, lege dein Haupt
unter meine Füße und hebe mich noch höher,
in Regionen, die die anbetenden Sphären überragen,
und sonne mich in ursprünglichen Gedanken, die zu gewaltig sind, um sie
in Ähnlichkeit mit irdischen Dingen zu formen.

Ich möchte alles haben, alles wissen. Ich dürste und keuche
und hungere nach dem Universum. Nun steigen von der Erde ,
unter deinen Strahlen, oh Sonne, die Dämpfe auf und
hüllen das tote Gesicht der Welt in eine Wolkenschicht,
die Stimmen der Toten. Friede, lass mich sein.
Gehe deinen Weg, verbrauchte Kraft, lass mich hier,
um in Stille zu herrschen, zu toben und zu verachten und zu hassen ,
um in meiner Stärke zu schwelgen, die Himmel niederzureißen,
die zerbröckelnden Berge mit Füßen zu treten,
über die prickelnden Sterne zu lachen, vor
unbesiegbarem Verlangen zu brennen, bis das Universum
im Kern zerschmettert ist und seine Splitter
durch die Zentrifugalkraft jenseits des Lichts geschleudert werden,
bis die verbrauchten Sterne aus ihren Umlaufbahnen taumeln
und, zischend die flammenden Steilhänge des Weltraums hinab,
mich mit feuriger Stimme zum alleinigen Gott erklären.

NATURA VICTRIX.

Ich saß staunend AUF DER KLIPPE ,
über mir die Sterne, unter mir die Wälder;
durch die Täler kamen und gingen
die Stürme, ihre Kräfte erschöpften sich nie,
und die Schlucht schickte das Donnern
des Baches empor, der in ihr eingeklemmt war.

Um mich herum standen mit majestätischer Haltung
die riesigen Berge,
die Helme aus ewigem Schnee trugen, gespalten von
den
Wehen der Natur – Monstergesichter, die stumm
nach oben in Gottes Ruhe starrten.

schwankten in Trostlosigkeit die Kiefern, ein schattenhaftes Land
,
rund um den tiefen und furchtbaren
Waldsee , rund um den gletschergespeisten Fluss,
wo eine gespenstische Wogenbewegung
sein unterirdisches Bett erschüttert.

Und ich rief: „O Wildnis!
Berge! Die der Wind streichelt,
In erhabener, wilder Liebe,
Durch die Grenzen von Raum und Zeit,
All eure Launen und tiefen Nöte
Umspielen mich wie ein Glockenspiel.“

„Siehe, ich höre den mächtigen Chor
der Elemente, die uns
den Lauf der Naturströme hinuntertragen ,
weiter in einem gequälten Traum
in Richtung Dunkelheit, wo vor uns
Zeit und Tod vergessen scheinen.

„Nun sieh, wie sich die Ketten des Blitzes
um den Hals des Sturmgottes legen und
ihn vor Wut und Scham rasen,
bis er die Erde mit Flammen schlägt, während
die Wolken, auf denen er kam, sich verdunkeln und wieder aufhellen .

„Natur! Nach Deinem Willen werden
die Gezeiten des Ozeans und die Winde des Himmels getrieben.
Du, der Du über die nahen und fernen Kräfte
herrschst und mit Sonne und Sternen ringst,
ist es Dir gegeben, zu wissen,
woher diese kamen und was sie sind?

„Ist deine Ruhe die Ruhe des Wissens,
woher die Kraft kommt und wohin sie geht?
Ist es nur die blanke Verzweiflung
des Schiffbrüchigen, dem es egal ist,
welcher Wind draußen auf See weht,
bis hin zum Tod, der dort auf ihn wartet?

„Mutter Natur, strenge Angreiferin,
Besitzerin des Geistes deines Kindes,
du bist in uns wie eine Flut,
die durch unsere Gedanken und unser Blut strömt —
eine Kraft, die aus dem Kleinen Großes entwickelt,
wie die Blüte aus der Knospe.

„Ja, ich liebe Deine festen, beständigen
Zeiten und Fristen, das Leben, das
ich aus Deinem abgrundtiefen Herzen hole ;
und mein Geist würde
alle seine verlockenden Träume und Hoffnungen aufgeben
, um sich mit Deinem Geist zu vereinen.

„Möchte ich doch inmitten der Pracht
der Donnerschläge
den düsteren Kummer der Geburt zurückgeben ,
Seelenwolken im Umfang
deiner felsigen Brüste oder im zarten
Grün der ewigen Erde verschmelzen.

„Vielleicht, wenn die Flossen flogen
und das grelle Tageslicht
durch den Regenrauch auf dem Meer verschwand , sollte
ich, gedankenlos, schmerzlos, eins mit dir,
in vollkommener Knechtschaft liegend,
für immer frei sein.

„Mächtige Geister, die ihr die
Sprossen der Lebensleiter hinauf zum Himmel gekämpft habt ,
oder ihr beladenen Seelen, die ihr
auf den mohnbewachsenen Hängen der Hölle gefallen seid,
als die Seele geführt oder getrieben wurde,
wusstet ihr nicht, wer den Zauber gewirkt hat?

„Verstand nicht jeder seinen Bruder,
der von den Zügen unserer Mutter geprägt war,
die in jedes menschliche Gesicht eingeprägt waren? Hat
euch
die Erde, der Wohnort des Menschen , nicht wie keine andere angezogen,
mit einer stärkeren Bindung als Gnade?

„Der Sturm zerreißt die Wälder ,
ruhige Sterne begleiten die Nacht,
Berge, Sturmwolken, Land und Meer,
Natur! Mach mich eins mit dir;
reiß die Schwingen aus meiner Seele und
kette mich an deine Freiheit.“

„Hör! Der Tod naht,
und meine Seele schmerzt vor Angst.
Höre mich, Mutter, höre meinen Schrei,
lasse mich einfließen in die Harmonie
Deiner Stimme, die die Sterne
am Himmel voller Staunen hören.

„Mutter, wird dich kein Kummer bewegen?
Zeigt dich das Schweigen herzlos?
Du, der du diese Seele aus Stein und Regen
erschaffen hast , nimm zurück,
was deine Finger durch den Feuerofen des Schmerzes geschaffen haben,
um dich zu lieben .

„Riesige Felsbrocken, rollen neben mir,
verworrene Farne, verneigt euch und verbirgt mich,
verbirgt mich vor dem Angesicht des Todes;
oder, große Natur,
sende mir auf deinen Atem hin ein paar mächtige Worte, die mich leiten,
bis der Dämon verschwindet .“

aus den Bergen und dem Meer,
süß wie Orgelspiel ,
und zerstreute meine Ängste:
„Möchtest du, Seele, eins mit mir sein und
in deiner Macht den Mörder töten?
Ring nicht mit dem, was sein muss.“

Ergebenes Herz und hingebungsvoller Geist ,
beschwingt von göttlicher Emotion,
verneigten sie sich vor diesem gewaltigen Klang
und tranken inmitten der Dunkelheit
ringsum die Kraft von Land und Meer
in einem tiefen Sakrament.

Dann sprengte ich meine Fesseln,
und meine Stimme erhob sich im Donner
mit vollem, kraftvollem Atem,
stark für das, was die große Natur sagt ,
und ich bat die Sterne voller Staunen,
mich den Mörder töten zu sehen – den Tod.

DER ABT.

DER ABNEHMENDE Mond stand am Himmel
und viele stille Wolken schwebten vorbei .
Mit dunklen Umrissen stand die Abtei
vor einer Reihe von Bäumen.

Mit gesenktem Kopf auf dem Kapellenstein
kniete der Abt stundenlang allein,
während um ihn herum bunte Mondstrahlen
ein Rosengeflecht in den reichsten Farbtönen erstrahlen ließen.

Eine kleine Altarlampe brannte schwach und
beleuchtete die Seraphim-Skulpturen , die den Chor mit
zum Abendmahl gebeugten Gesichtern säumten .

Der Ort war still wie in einem Traum ,
so still, dass man
die Stimme vergangener Jahre
und längst vergangener Harmonie hören konnte.

Die Klosteruhr oben schlug drei,
der Abt erhob sich von seinen Knien,
sein Gesicht war grauer als der Stein,
seine Augen waren voller Kummer .

Er ging ins dämmrige Kloster ,
die Nachtluft brachte ihm keinen Balsam.
Welche Qual ließ seine Sinne taumeln, die
Christus nicht heilen konnte?

Er betrat das Gebäude durch ein Eisengitter .
Die Hallen darin waren verlassen.
Wie jemand, der aus einem Zauber erwacht ,
blieb er vor einer Zelle stehen.

schlief ein blonder Junge auf einem Pritschenbett ,
mit Mondlicht auf seinem Kopf,
während der Wind durch die efeubewachsenen Pfosten kriecht .

Draußen rief und schrie eine Eule
und übertönte die leichten Schritte des Abtes ,
doch das Rascheln der Gewänder hörte
der Junge in seinen Träumen.

„Ruhe, Junge, ich bin es", sagte der Abt ,
„Deine reine Seele soll den geretteten Toten
meine Botschaft überbringen. Das Leben ist vorbei,
die Maschen der Hölle halten mich fest."

„War dein Schlaf süß? Mein Schlaf ist vorbei.
Einer spricht zu dir, der nie mehr
einen Menschen ansehen wird (Gott sende uns Gnade)
und nie mehr Gottes Angesicht sehen wird."

Der Junge saß vor Angst kerzengerade da ,
in sprachlosem Entsetzen, denn das Mondlicht
fiel ihm schräg ins Gesicht und in die Augen ,
was ihn krampfhaft bewegte.

„Eine Last, Junge, die Bürde der Jahre ,
bis zum Rand gefüllt mit hoffnungslosen Tränen,
hat mich erdrückt und in meinem Gehirn
das doppelte Brandmal von Kain getragen.

„Dein Leben und deine Hoffnungen liegen alle vor dir ,
und meine sind für immer vorbei. Erinnere
dich in den kommenden Jahren an mein Geheimnis
, aber sei stumm."

„O Gott, mein Herz schlägt laut in mir .
Ich habe meinen Bruder in Todsünde erschlagen.
Ich habe ihn zweimal erstochen, ohne es zu wissen, um
die Keuschheit einer Jungfrau zu befreien."

Der Abt stand aufrecht und hoch erhoben da ,
sein Schatten fiel an die Wand –
Gott schütze ihn –, als suche er um Gnade,
er verbarg sein verhülltes Gesicht.

„Eine schwarze Schlange glitt über meine Füße ,
über kahlen Zweigen teilte und traf sich wieder,

es lag eine Bewegung in der Luft und
überall beobachteten mich Augen."

„Die Tat geschah in fernen Ländern ,
doch sein Blut benetzte diese Hände,
und unter Bäumen, wo blasse Sterne leuchten,
blickten seine Augen in meine.

„Ein Blick aus seinen toten Augen und
die Liebe kehrte zu ihm zurück. War dies
der Höhepunkt seines Lebens, der mir wie
der König vorkam, von dem ich als Junge geträumt hatte?

„Sollte die Sünde und die Liebe nicht bestehen? –
Die Liebe ist in der Vergangenheit verwurzelt und rein .
Die Liebe des Menschen zum Menschen ist für Engel angemessen.
Könnte eine einzige Tat sie zerstören?"

Der Junge saß aufrecht, bleich wie der Tod ,
eine Taubheit raubte ihm den Atem,
die Faszination des Auges,
das sich krampfhaft bewegte.

„Ich floh bei Sonnenaufgang die Bucht hinunter,
dorthin, wo eine mystische Insel lag ,
benommen vom wolkenlosen Himmelsgewölbe
und der Monotonie der Wellen.

„Und hier stand ein offenes Kloster ,
wo Mönche in der Einsamkeit Frieden suchten.
Ich betrat es mit den anderen, um mich
im Inneren des Gekreuzigten zu verstecken.

„Ich erzählte einem von meinem Leid. Er sagte:
‚Unter deinen Füßen und über dir und
rundherum ist Gott. Halte heute Nacht Wache und
bete um Licht.'

sandten mir im Höhlenschrein drei Visionen, der Gott und die Jungfrau
Maria
;
vier Engel umzäunten den Eingang der Höhle
mit verschränkten Flügeln im Norden und im Süden.

„Dreimal brach die Dunkelheit herein, und dreimal lag ich
tief schwebend über dem Meer. Kein Tag
erhellte seine uferlosen Wellen, keine Nacht
war für den Blick verschlossen.

„Kein Fisch sprang herauf, kein Gott blickte herab ,
kein Laut war zu hören, ich versuchte zu ertrinken —
Ehe die Wellen sich berührten, kam ein Wind auf
und trug mich auf seinen Flügeln.

„Mein Blut stand still und war dick wie Eis ,
und Gedanken hielten Gedanken fest wie in einem Schraubstock.
Die Zeitalter starben, kein Tod segnete
den Tod des Nichts.

„Jedes Mal musste die Seele
die Qual eines anderen Leidens erleiden ,
die unersättlichen Fänge des Dämons
voller Zweifel, Verzweiflung und Hass.

„Ich erwachte und erzählte dem Mönch meine Träume .
Seine Stimme war traurig, als er sagte: , Mir scheint, dass
einer, der mit dem Blut seiner Seele getötet wurde, keinen Anteil
am Heiligen Kreuz haben wird.'

„ Aber Bruder", sagte der alte Mann ,
„Gott wirkt nach vielen verschiedenen Plänen
und rettete einmal durch stellvertretende Qualen
Seelen auf Golgatha."

„ Ich weiß nicht, ob bei Gott im Himmel
den verlorenen Seelen nicht etwas Gnade zuteil wird. Löse
durch Fasten und Geißeln , Gebete und Schmerzen
die Ketten deines Bruders."

„Ja, Junge, habe ich nicht zum Himmel gebetet?
Ist das Leben nicht durch bitteren Sauerteig
und Fasten und Geißeln , Tag und Nacht ,
verdorben und die Blutschuld weggebrannt?

„Aber immer dröhnt aus der Hölle
eine furchtbare Totenglocke

von einem, der einst im Blut seiner Seele getötet und
aus dem Heiligen Kreuz verstoßen wurde.

„Die Leidenschaften des erwachsenen Mannes
konzentrieren sich dort, wo sein Leben begann ;
die Liebe des Jungen ist nicht vielfältig,
sie greift mit einem einzigen Griff.“

„Die Liebe der Kindheit ist ein Teil von uns ,
keine Macht kann sie uns entreißen, und so
kettete mich die Liebe in der Dunkelheit an ihn,
und ich hatte sein Verhängnis herbeigeführt.

„Diese Sache begleitete mich Tag für Tag und
lag all meinen Gedanken zugrunde.
Und selbst in den Stunden, in denen ich sie vergaß,
schmerzte sie wie ein Krebsgeschwür.

„Mein Essen war Asche in meinem Mund ,
meine Seele war vom Dürre versengt ,
ich verbannte die Gedanken, der vergebliche Kampf
brachte die Gedanken wieder zurück.

„Die Heiligen und Engel hielten sich fern ,
meine Gebete fielen vom Dach der Kapelle zurück,
sie hatten nicht die Leichtigkeit, dorthin aufzusteigen,
wo Himmel und Erde verschmelzen.“

„Die Sterne verspotteten mich mit ihrem Frieden ,
die Jahreszeiten brachten mir keine Erlösung,
Verzweiflung und Angst wie ein Meer
und Schmerz lagen unter mir.“

„Und Jahr für Jahr quälte ich mich mehr ,
bis das Leben zu einem lebendigen Grab wurde,
bis meine Seele verlassen war wie die Verlorenen hinter dem Tor der Hölle
.“

Draußen schrie und rief eine Eule ,
doch in der Abtei herrschte Stille.
Die Stimme des Abtes klang hohl,
als käme sie aus dem Untergrund.

„Ruhig, Junge, der Teufel kam gestern Nacht .“
Der Abt lächelte – ein grausiger Anblick ,
Dieses lächelnde Gesicht im blassen Mondlicht,
Mit so elendigen Augen –

„Der Teufel kam gestern Nacht , um die schlimmste Tat zu verlangen , die
das Leben nur vollbringen kann
:
eine Seele, die durch Selbsttod gegeben wurde, um
die Seele eines Anderen von der Sünde zu befreien.“

Die erzählte Geschichte war so furchterregend , dass
dem Jungen die Zähne klapperten, als ob er vor Kälte käme.
Er sah keine Blattformen auf dem Boden und
hörte keine Glocke vier läuten.

„Heute Nacht, mit dem Kopf auf dem Kapellenstein ,
betete ich zu Ihm, der Sühne leistete,
bis Blut und Schweiß flossen, wie
es ihm im Garten über das Gesicht lief.

„ Es ist vollbracht, der irdische Kampf ist vorüber .
Meine Seele ist für immer im Dunkeln.
Ich gehöre dem Teufel. Hört, hört ihn rufen.
Er hält eine Seele in seiner Gewalt.

„Ich weiß nicht, ob der Atem des Geistes dem
Geist auf dem Weg des Todes begegnet
oder wie ein dünner weißer Faden
unter die Toten fällt .

in einem Augenblick
aneinander vorbeigingen , er und ich,
sein Gesicht der kommenden Krone zugewandt,
meines gequält, mich nach unten beugend,
dann alles erfahren werden; aber Junge, wenn ich mich
Deinen Füßen nähere, wo Reihe um Reihe
Gottes Minnesänger der Dreifaltigkeit gegenüberstehen,
an diesem Ort, der für mich geschaffen wurde,

„Aber er gehört mir nicht mehr. Suche dort
einen mit deinen Augen und dem goldenen Haar ,

so golden wie sein besticktes Gewand,
und sag, wessen Seele die seine gewonnen hat.

werden ihm die Tränen bis zum Rand seiner Augen steigen,
auch wenn sein Kummer nicht nachlässt ,
und ich werde leben, sein süßester Gedanke,
für das, was meine Liebe bewirkt hat.

„Wieder ruft der Dämon, ich komme.
Sieh, reiner Junge, lass deine Lippen stumm sein ,
eine letzte Sühne hebt heute Nacht
eine verlorene Seele ins Licht.“

Er küsste den Jungen auf die Stirn :
„Ja, du bist ihm sehr ähnlich,
als wir rein auf Mutters Schoß saßen.
Leb wohl, für immer.“

Der Abt ging in die Dunkelheit ,
das Mondlicht durchflutete den ganzen Raum,
der Junge saß stundenlang starr da,
angekettet durch eine überirdische Macht.

Doch siehe, als zur Morgenzeit die Glocken die Hauptstunde einläuteten,
erschallte
aus dem Kreuzgang und
von der Kapellentreppe
ein wilder Schrei.

Noch nicht ganz erkaltet, tot in seinem Blut ,
mit dem Gesicht vom Kreuz abgewandt,
lag der Abt auf dem Kapellenstein,
seine Augen noch immer von Kummer erfüllt .

Es wurde keine Glocke geläutet, keine Messe gelesen .
Sie begruben die entehrten Toten
draußen auf der Straße, die durch den Wald führte,
in Dunkelheit und Einsamkeit.

Sie markierten die Stelle mit keinem einzigen Stein .
Nur auf sie fielen die Schatten der Bäume, und
wo kein Fuß hinkam, wuchsen Moos, Ranken und dünnes Waldgras .

Trotzdem , so schien es einem schönen Jungen ,
sangen die Vögel mit noch größerer Freude,
und die Engel schwangen schwachen Weihrauch
um das Grab eines Heiligen.

Die kleine Altarlampe brannte schwach und
beleuchtete die Seraphim-Skulpturen
und Gräber, in denen sich Mönche in Wachsgewändern Jahr
für Jahr versammelten.

Als jedoch ein alter Mönch im Sterben lag ,
sprach er zu den Umstehenden folgendermaßen:
„Dort draußen soll mein Grab errichtet werden,
gekennzeichnet mit Waldveilchen."

„Kein Mensch kann über die Sünde eines anderen urteilen.
Gott sieht nur das Äußere und das Innere.
Deshalb, meine Brüder, seid gütig.
Das war der Sinn unseres Meisters.

„Denn viele sind von Gott zu Heiligen gekrönt,
deren Gräber unbeachtete Füße betreten haben .
Der Mensch urteilt nach dem äußeren Leben,
Gott nach dem inneren Streit.

„Dort draußen kriechen die Baumwurzeln des Waldes
um den vergessenen Schlaf eines traurigen Herzens ,
eines Herzens, das zerbrach, als es alles hergab,
um eine Seele aus der Knechtschaft zu retten."

DION.

EIN GEDICHT.

ARGUMENT.

Dion aus Syrakus (408-353 v. Chr.), Philosoph, war über seine Frau Arete ein naher Verwandter des Tyrannen Dionysius II., der ihn verbannt hatte. Er ließ sich in Athen nieder, doch als er hörte, dass der Tyrann seinen Sohn entführt und Arete einer anderen zur Frau gegeben hatte, kehrte er mit einer kleinen und treuen Truppe nach Syrakus zurück, eroberte die Stadt und vertrieb Dionysius nach Ortygia, einer Festung innerhalb der Stadtmauern. Sobald ihre Unterdrückung gelindert war, begannen die misstrauischen Syrakusaner die Macht Dions zu fürchten, obwohl er sich edelmütig geweigert hatte, Zugeständnisse an Dionysius zu machen, als ihn die leidenschaftlichen Appelle von Arete und ihrem Sohn, die in Ortygia gefangen gehalten wurden, dazu drängten . Als Dion von einer Verschwörung der Bürger hörte, die Herakleides gegen ihn geschmiedet hatte , zog er sich, ohne sich an der undankbaren Stadt zu rächen, nach Leontini zurück , wurde jedoch schnell wieder zurückgerufen, um das Volk ein zweites Mal vor den Verwüstungen des Dionysius zu retten, der in die Stadt eingefallen war, sobald Dion sich zurückgezogen hatte. Wieder kehrte Dion nach Syrakus zurück und diesmal gelang es ihm, den Tyrannen aus seiner Festung zu vertreiben und den Frieden wiederherzustellen. Mit einer Großzügigkeit, die seiner Tapferkeit entsprach, begnadigte er Herakleides und seine Mitbrüder. Als Dion an der Spitze seiner Truppen in die verlassene Festung eindrang, fand er nach Jahren der Trennung seine Frau Arete . Dion bestieg natürlich den Thron des abgesetzten Monarchen, aber seine Reformen und die Strenge seines Verhaltens und seiner Herrschaft machten ihn bei seinen wankelmütigen Mitbürgern unbeliebt, und es wurden Pläne zu seiner Ermordung geschmiedet. Er verschmähte es, Vorkehrungen gegen Angriffe zu treffen und wurde so ein Opfer seiner Tapferkeit . Am Tag des Koreia -Festes wurde er in seinem Palastgemach von einer Gruppe junger Männer mit bemerkenswerter Muskelkraft umzingelt, die versuchten , ihn zu werfen und zu erwürgen. Da der alte Krieger sich jedoch als zu stark für sie erwies, waren sie gezwungen, einen von ihnen durch eine Hintertür hinauszuschicken, um ein Schwert zu besorgen. Damit war Dion erledigt , ein Mann, der in vielerlei Hinsicht zu groß für sein Alter und seine Umstände war .

BETET , junge Leute, welche dringenden Angelegenheiten verlangen unser Ohr

an diesem großen Fest, an dem alle Feiertage haben?
Schon fahren die bunt geschmückten Kähne
über den Hafen zum heiligen Hain ,
und Rufe und Musik erreichen uns sogar hier,
wo durch die Balustraden das tanzende Meer
diesen Raum mit reflektierten Lichtern überzieht.
Was? Ist es Verrat? Ihr seid gekommen, um zu töten ,
ich habe eure Absicht richtig erkannt. Die Palastwachen
wurden gesichert und jeder Rückzug abgeschnitten ,
und ich bin eurer Gnade ausgeliefert. Es ist gut so.
So oft bin ich dem Tod von Angesicht zu Angesicht begegnet ,
in seinen Augen liegt jetzt der Empfang eines Freundes.
Ist es aus Hass auf Dion oder wegen des Goldes ,
dass ihr kommt, um eure Ehre mit meinem Blut zu beflecken?
Und meint ihr, ich werde niederknien und vor euch schmeicheln und
mit Frauengeschrei um Gnade flehen?
Obwohl mich, wie einen alten Löwen in seiner Höhle ,
das Schicksal und seine Listen, nicht ihr, in den Tod gejagt haben.
Der Löwe ist alt, aber alle seine Zähne sind gesund.
Was? Ihr wollt mich ergreifen? So, ich schüttle euch ab.
Ihr habt diese verdorrten Arme nicht für so stark gehalten
,
dass ihr eure fünf Jungen trotz eurer Klauen, eurer Wut und eurem wilden
Bellen in Schach halten könntet.
Aber ich bin Dion – Dion, Platons Freund,
und ich habe den Regen menschlichen Blutes ertragen,
den Blitz der Schwerthiebe auf meinen Helm,
den Donner der heranstürmenden Kavallerie,
als ihr Babys an der Brust nuckeltet.
Und glaubt ihr, ich sei jemand, den ihr töten könnt,
indem ihr ihn erwürgt, wie eine Ausgestoßene ihr Kind tötet ,
indem sie ihm das Leben aus der winzigen Kehle reißt?
Nicht dies soll mein Tod sein, denn ich bin königlich ,
und ich muss königlich sterben. Geht und holt ein Schwert
, und ich werde es edel wie ein König heiraten.

Ich brachte euch die Männlichkeit mit meinem siegreichen Arm ,
ich bot Syrakus einen Weg zum Ruhm.
Ich hätte unsere Stadt als Königin regieren lassen können,
mit ihrer Herrschaft im Meer gegründet,
gefestigt durch weise Bande gleicher Gesetze,
einer Verfassung, die von nüchternen Köpfen erarbeitet wurde, und die
sich mit ihrem Wachstum ausdehnte, doch ihr wolltet nicht,

sondern miauet und plappertet, weinet und schmolltet wieder,
wie Kinder, die sich um eine Münze streiten
und doch ihren Wert nicht kennen. Ich bin König.
Über diese Ehre hinaus , wenn es Ehre ist ,
über einer so niederen Herde zu thronen –
ein König aus meinem eigenen Ich. Meine Gedanken sind denen der Götter gleich
, ich bin nicht mit euch verwandt.
Geht und verkündet meine letzten Worte, wenn ich tot bin ,
und sticht damit das Herz der Stadt. Sagt: „So,
ihr Männer von Syrakus, so sprach Dion ,
als er an der Schwelle seines Todes fiel,
mit abgewandtem Gesicht, starren Augen und bleicher Wange ,
für einen letzten Augenblick, dem schreienden Mob gegenüber,
bevor er in die Dunkelheit trat, um seinesgleichen zu treffen,
die Götter und Helden der Unterwelt.“
Ja, sagt dem törichten Pöbel: „Dion sendet
seine Liebe und Pflicht, wie es sich für einen Krieger gehört ,
der süßen Erde seiner Heimatstadt,
die bald mit seinem wärmsten Blut getränkt werden wird.
Er liebte ihre schönen Straßen, ihre goldene Luft,
den Kreis ihrer Hügel, ihr saphirblaues Meer,
und er liebte einst und liebte bis zu seinem Tod
das arme, halb brutale Ding, zu dem ihr Mob
unter der Knute der Tyrannen wurde; wäre er nicht,
hätte er seinen Lebensabend vielleicht beendet
und wäre zwischen den Kissen auf seinem Bett gestorben.
Aber er liebte sein Syrakus so sehr, dass sie, seines großen Herzens
überdrüssig geworden, den roten Zorn
auf die Kieselsteine ihrer Straßen
auslieẞ und rief:
„Meine eigenen Hände haben ihn erschlagen, denn er liebte zu sehr.“

„Ja, zu sehr, auf ihren mitleiderregenden Ruf hin kam er
und packte den Tyrannen an der Ferse an eurem Hals und
stürzte ihn und befahl euch, euch zu erheben .
Und als eure dummen Väter seine Stärke fürchteten
und ihre mörderischen Schlingen um seinen Weg legten,
zog er das Schwert für sie und steckte es für sie in die Scheide.
Er verschmähte es als Krieger , zornig zu sein,
wenn die Schlange ihre wiedergewonnene Kraft nutzte,
um die Brust zu stechen, die sie wieder zum Leben erweckte. Und er,
dessen Wort die Stadt damals

zu einer formlosen Ruine zu seinen Füßen
hätte zermalmen können ,
führte all seine Männer zu
Leontini , der, hättet ihr ihn getötet, eure Leichen auf dem Boden
für seinen Scheiterhaufen aufgehäuft hätte.
Und der, mit Augen, die selbst ihre Steine verfluchten,
Syrakus auf seinen Befehl unversehrt verließ.
Doch am nächsten Tag, in eurer neuen Not,
wart Ihr nicht abgeneigt, in feiger Eile
Eure weinenden Gesandten zu seinen Füßen zu schicken
und zu rufen: ‚Kommt und rette uns!' oh, vergiss,
großer Dion, wie sehr wir dir Unrecht getan haben, komm noch einmal
und rette unser Syrakus."

„Es gibt keine Tiefen im Meer, auf der Erde oder im Himmel, die
so tief sind wie Dions Stolz; es gibt keine Kraft,
die dem Hohn vergleichbar wäre, der seine Lippen kräuselte
in Abscheu vor der wankelmütigen Welt ,
bevor er für immer in den Abgrund des Todes stürzte.
Er war so stolz, dass er den Erfolg verachtete .
Seine Männlichkeit war die Krone seines Geistes.
Sein strenges Herz fühlte keinen Puls arroganter Freude,
als er in steiler Flucht
vor Dionysius in die Flucht stürmte; noch als
ihn der wilde Mob mit lautem Beifall
als Eroberer den Hügel der Stadt hinauftrug
und Frauen ihn von den Hausdächern zum König jubelten
und sein Lob bis in die große Tiefe schrien.
Aber er war stolz, wie ein Gott stolz sein könnte ,
auf seine Selbstüberwindung, als er den
falschen Herakleides um Gnade verklagte , dessen perfide Verschwörung
, ihn zu stürzen, beinahe Ihr Verhängnis herbeigeführt hätte.
Ihr habt den Verräter knien sehen, ihr habt seine Worte gehört ,
wie seine schnelle Zunge die giftigen Zähne verbarg.
Doch als alle Stimmen schrien: „Lasst ihn sterben",
gehorchte der am meisten Geschädigte dieser inneren Stimme
, die ihm befahl, einen gefallenen Feind zu verschonen.
Er bückte sich, richtete sich auf und vergab ihm,
wohl wissend wie ihr um die Niedertracht des Mannes,
aber er war zu groß für Gemeinheit wie Rache.

„Wäre Dion nicht stolz gewesen, o Syrakus ,
hätte er vielleicht eine solche Geschichte erlittenen Leidens erzählt,

dass, wie ein feuchter Südwind nach dem Frost,
selbst eure Mauern und Säulenhallen
von Tränen stillen Mitgefühls überströmt worden wären.
Ihr glaubtet, er hätte euch an jenem Tag ungerührt
den Brief vorgelesen, den sein eigener Sohn ihm geschrieben hatte,
in seinem jungen Blut, mit gebrochenen Schreien herausgeschluchzt,
während Dionysius die glühenden Eisen
fest auf den Rücken seines schmalen Jungen drückte und sagte, er sei aus
Stein,
unmenschlich, oder wenn menschlich, so schwach wie ihr,
und würde ihn mit Verrat von seinen Ketten loskaufen.
Nein, aber ihr wusstet nicht, wie das Herz seines Vaters
in der Wut der glühenden Sonne brannte und
wie die Asche seines Wesens
die feste Stimme erstickte, die rief: ‚Ich werde nicht nachgeben,
ich werde meinem Blut nicht durch Verrat Unrecht tun,
sondern dem, was recht ist – die Götter sollen ihn erlösen.‘

„ Es war gut, dass ihr ihn nicht bemerkt habt an jenem Tag,
als er als erster in die
vom Tyrannen verlassene Zitadelle einbrach und dort,
weißer und steinerner als der Marmorpfeiler
, vor dem sie sich in sprachloser Angst vor ihm duckte, seine Frau
fand , seine lange verlorene Arete , und sie ging
und zog ihre weißen Hände von ihrem Gesicht und sagte:
„Meine Frau, mein Eigen, dein Dion kommt wieder,
und seine große Liebe wäscht deinen Körper rein
von den Sünden, die dir aufgezwungen wurden und die nicht deine eigenen
waren.“
Denn als sie sich erhob und sich an seinen Hals klammerte ,
keuchend und zitternd wie ein gehetztes Rehkitz,
neigte sie ihr Gesicht in argloser Scham nach unten
und erzählte ihm, mit ihrer Wange an seiner Brust,
wie sie während all dieser Jahre des elenden Gefangenseins
, wie eine Priesterin, im geheimen Schrein
ihres vermählten Herzens die vestalische Flamme ihrer großen Liebe zu
ihm stets hell und rein bewahrt hatte
.

„Es war gut, dass ihr nicht bemerkt habt, Männer aus Syrakus ,
wie unähnlich Dion damals dem Stein war, wie
die Tränen seiner Frau auf das Haar ihrer Frau fielen.
Es war gut, dass ihr nicht hörtet, was sein Herz pulsierte ,
ohne ein Wort in ihr fest gepreßtes Ohr,

sonst hättet ihr und eure Frauen ihn schwach nennen können,
als ihr jenes Innere gesehen habt, das bloßgelegt wurde
, das er aufgab, um seinem Heimatland zu dienen."

Ein starker Baum, der tausend Stürmen getrotzt hat,
kann im Wind wanken, der ihn zu Fall bringt .
Und jetzt, so dünkt mich, schwindet mein Stolz,
wenn ich so vor meiner Beerdigung spreche
von all der Liebe, dem Hass, der Pflicht, der Selbstbeherrschung,
der Undankbarkeit und der Qual, die
den alten Dion gezeichnet und vernarbt haben, so wie er heute ist,
mit all den Jahren, die er hinter sich hat, und all seinen Taten.

Und nun, ewige Götter, komme ich zu euch,
durch den Tod, mit ruhigem, unwiderruflichem Schritt.
Lebt wohl, mühevoller Lebenskampf. Große Götter, nehmt mich wie einen
König in
Glück oder Leid auf,
je nachdem , was euer Land euch bietet . Stellt meinen Thron
in die Gesellschaft derer, die
durch innere Eroberung und nicht durch Blutsverwandtschaft aufzusteigen
strebten, und
die Freude oder Schmerz, Niederlage oder Sieg
mit gleichem Herzen annehmen und trinken .
Ich lege keinen Wert darauf, der Höchste zu sein, nur der Ebenbürtige
unter all den Großen, die dort versammelt sind .
Wenn mein Rang auf meinem Thron prangen muss,
schreibt darauf: „Dion, Tyrann seiner selbst."

Ha! Ihr habt ein Schwert gefunden; es ist gut, denn jetzt
werde ich mich wie ein Soldat schlafen legen,
verwundet von vorne und von der Klinge eines Soldaten.
O Syrakus, ich dachte, ich könnte einen
rauhen und unbehauenen Felsen in eine perfekte Form bringen ;
aber siehe! Ich habe nur Lehm bearbeitet, und jeder Wind und Regen hat
euch
zu gewöhnlichem Schlamm
geschmolzen, den Tyrannen so gerne
glätten, um einen einfachen Weg zur Macht zu schaffen.

Hier, Jugendliche, ich zucke nicht zusammen, seht meine Brust ,
zottig wie die Vorderseite eines Löwen, grau gestreift.
Es ist eure Ehre, dem verspäteten Gemetzel der Zeit zuvorzukommen

. Kommt, wer wird groß sein
und sich als Erster einen Namen machen und
seine schwächlichen Hände in Dions königliches Blut tauchen?
Ich bitte euch, beeilt euch, ich fürchte den Schmerz nicht ,
sondern würde das Leben aufgeben. Hier ist mein nacktes Herz ;
es schlägt gegen die Kanten dieser Rippe,
aber nicht schneller als sonst. Kommt, Jugendliche ,
legt das Schwert hierher und rammt es schnell ins Herz,
und richtet eure Augen auf mich, wenn ich falle,
und merkt euch die Erhabenheit meines Todes gut.
Denn nichts als die hervorbrechende rote Flut ,
kein Schrei, kein Stöhnen, keine Bewegung des Gesichts,
soll euch sagen, dass ihr keinen Gott erschlagen habt.
Dann zieht die Klinge stumpf heraus, wo sie auf
die gehärtete Schneide meines selbstbeherrschenden Willens traf ,
und tragt die purpurfarbene Trophäe durch die Straßen
und zeigt sie den staunenden Bürgern;
Damit die Menschen später erfahren und erzählen können,
wie Dion für Syrakus lebte und starb.

LIEBE VERLETZT.

DIE LIEBE baute eine Kammer in meinem Herzen ,
wie ich sie noch nie gesehen hatte.
Sie war angefüllt mit Büchern und Kunstschätzen und allem, was
die wahre Huldigung eines Liebenden an seine Königin ausmacht .

Die Decke war aus glänzendem Silber,
so dass man den Boden darunter sehen konnte ;
die Wände waren mit so weißer Seide behangen
, dass man sogar im Spiegel einen Hang aus frisch gefallenem Schnee
erkennen konnte .

Dann öffnete die Liebe die Tür weit und
sang wie im Traum
ein Lied, so süß, wie es ein Vogel
über den sonnenmarmorierten Boden
eines klaren Waldbachs singen kann.

Er sang von der Jugend, die nie alt wird ,
von Blumen, die nie verwelken,
von Wein, dessen Süße man nicht in Worte fassen kann,
von strahlender Ehre , kühnem Mut
und einem Glauben, der schöner ist als diese.

Und so manches Mädchen ging an mir vorbei.
Manche hörten es und erschraken,
dachten aber, der Gesang sei so erhaben,
dass er von irgendwo aus dem Himmel käme
und nicht aus meinem armen Herzen.

So sind die Jahre gekommen und wie im Flug vergangen,
den Hügel hinab, der den Sonnenuntergang überschattet,
doch die Liebe sitzt noch immer da und singt allein,
und obwohl ihre Stimme süßer geworden ist,
ist mein Herz noch immer leer.

ANDANTE.

DIE Tage und Wochen vergehen, Liebling ,
die Jahre rasen dahin,
und der Lauf der Zeit zeigt sich, Liebling,
in den Sorgenfalten auf deinem Gesicht.

im goldenen Dunst des Morgens
verband, Liebe ,
ist ein Band, das sich
im Lauf der Tage nie löst, Liebe.

Denn auch wenn der Arm des Todes stark ist, wird
die Liebe unser Licht verbreiten,
und wie ein herrliches Lied wird die Liebe
weiterleben, wenn der Tod tot ist.

Die Trauer erwacht.

EINST versuchte
ein Mädchen ,
beladen mit schweren Lasten,
ihrem Kummer Schlaf zu leihen.

Süß war das Nehmen,
doch das Erwachen
in der Taubheit
und Stummheit
der Morgendämmerung,
mit dem grauen Rasen,
der sanft
im Regen dahinglitt,
und den
im Schatten verborgenen Wiesen,
war trostloser
als die müden
Hügel, die
die Herzen für immer trennen,
wo die Ernte des Todes den Menschen
in Gottes Obhut schlafen lässt .

AUF EINEM ALTEN VENEZIANISCHEN PORTRÄT.

DIE Züge ragen aus der Dunkelheit,
braun wie eine alte Schriftrolle ,
doch in den Augen strahlt das Feuer, das
in der lebenden Seele des Toten leuchtete.

Er ist in einen Kardinalsmantel gekleidet und
trägt die Staatsmütze,
doch seine Lippe ist zu einem höhnischen Grinsen auf die Welt verzogen
und sein Blick ist voller Hass.

Der Winter des Alters hat gerade
die Haare auf seiner Lippe und seinem Kinn berührt .
Zweifellos ging er gebückt umher
und das Blut in seinen Adern war dünn.

Ich kenne weder sein Datum noch seinen Titel ,
aber ich weiß, dass der Mann dort ist,
genauso grausam und kalt wie in alten Tagen,
als er auf den Stuhl des Papstes aus war.

Er konnte nie in den Himmel kommen ,
obwohl ihm all seine Ländereien gegeben wurden, um
für die Gebete zu bezahlen, die von jetzt an bis zum Tag des Jüngsten
Gerichts im Namen der Toten gesprochen werden
.

Sein Palast, seine Statuen und Bilder
waren der Himmel, zumindest eine Zeit lang ,
und jetzt ist er „Wo?" – ein Schmuckstück dort
an meiner Wand, und ich finde ihn erhaben.

Denn das Gold eines weiteren Sonnenuntergangs
fällt gerade jetzt auf ihn ,
und es vertieft das Rot der Mütze auf seinem Kopf,
und es lässt die Linien auf seiner Stirn hervortreten.

Die Zeitalter sind in Schweigen versunken ,
und die Menschen haben sein Grab vergessen,
doch er sitzt noch immer dort auf seinem Kardinalsstuhl
und beobachtet mich jetzt in der Dunkelheit.

ALTE BRIEFE.

IM Haus war es still, und das Licht
des westlichen Scheins verschwand .
Ich las, bis Tränen meine Sicht trübten,
einige vor langer Zeit geschriebene Briefe.

Die Stimmen, die vergangen sind , die Gesichter, die zu
Schimmel geworden sind ,
waren heute um mich herum im Zimmer
und lachten und plauderten wie früher.

Die Gedanken, die die Jugend zu hegen pflegte ,
die Hoffnungen, die nun für immer tot sind,
kamen aus den Zeilen verblasster Tinte,
so süß und ernst wie einst.

Ich legte die Briefe beiseite und träumte,
dass die liebe, tote Vergangenheit wieder lebendig würde ;
die Gegenwart und ihre Bestimmung schienen
eine verblassende Vision voller Schmerz zu sein.

Dann stürmten die Kinder mit einem plötzlichen Freudenschrei ins
Zimmer.
Ihre
kleinen Gesichter erschienen mir
wie ein Sonnenaufgang in einer düsteren Wolke.

Die Welt war noch immer voller Bedeutung ,
denn die Liebe wird leben, auch wenn die Liebenden sterben.
Ich wandte mich dem dunklen Hügel des Lebens zu
und erfreute mich am Morgenhimmel.

VAN ELSEN.

GOTT sprach dreimal und rettete Van Elsens Seele .
Er sprach zuerst durch die Krankheit und machte ihn gesund.
Van Elsen hörte ihn nicht
oder vergaß es bald.

Gott sprach zu ihm durch Reichtum, die Welt schüttete
ihre Schätze vor seinen Füßen aus und nannte ihn Herr .
Van Elsens Herz wurde fett
und stolz angesichts dessen.

Gott sprach zum dritten Mal, als die große Welt lächelte und
im Sonnenschein sein kleines Kind tötete.
Van Elsen fiel wie ein Baum
hoffnungslos um.

Dann ertönte in der Dunkelheit eine Stimme, die sagte :
„Wie dein Herz blutet , so hat mein Herz geblutet.
Wie ich dich brauche,
brauchst du mich."

In dieser Nacht küsste Van Elsen die Füße des Babys und lobte ,
neben dem schmalen Leichentuch kniend,
mit glühendem Atem Ihn
, der den Tod besiegte.

ZUM GEDENKEN.

JAMES WILLIAM WILLIAMS, LORD BISHOP VON QUEBEC, STARB AM 20. APRIL 1892 IM ALTER VON 66 JAHREN.

FÜR diejenigen, die sich als treu erwiesen haben, erklingt der Ruf zur Ruhe oft
in der Pracht des späten Mittags ,
bevor der Abend hereinbricht und mit dem abnehmenden Tag
der Geist sich verfinstert und die Arbeit ihre Lust verliert.
Und so sehen wir jetzt, obwohl unsere traurigen Herzen zuerst „Zu früh"
schrien, dass
Gottes Engel auf himmlische Weise
sein vollendetes Werk und die Liebe seines Meisters bezeugt hat.
Und jetzt, dem menschlichen Auge entzogen , gewinnt er
die zweifache Unsterblichkeit eines guten Mannes,
um für immer in der Nähe des Throns des Meisters zu leben
und hier in Leben, die durch sein eigenes besser geworden sind.

DER EWIGE VATER.

DU , dessen Gesicht wie der Blitz und dessen Wagen wie die Sonne ist,
für den tausend Zeitalter im Vergehen wie eins sind,
alle unsere Welten und mächtigen Systeme sind nichts weiter als winzige Sandkörner, die
mit Deiner hohlen Hand über den Abgründen des Chaos gehalten werden.

Ja, wir sehen Deine Macht um uns herum und fühlen, wie sie
durch den Strom unserer Leidenschaften und die Stille der Seele rollt ,
wo ihre Visionen die Dunkelheit erhellen bis zur Morgendämmerung, die kommen wird,
wie das lange Polarlicht Pracht auf einem stillen Polarmeer.

Dann erhebe uns, großer Schöpfer, zur Vereinigung mit Deinem Willen ,
zerschmettere die Auflehnung unserer Herzen und beende unsere niederen Gelüste.
Du, dessen Finger im Laufe der Jahrhunderte mit Feuer die Seele des Menschen geformt haben ,
verbinde sie für immer und immer mehr mit dem Ziel Deines Plans.

Sprich, oh Herr, mit der Stimme des Donners, zeige Deine Schritte in der Tiefe ,
gieße Deinen Sonnenschein vom Himmel auf die geblendeten, weinenden Augen,
bis die Harmonien der Natur und die erhabene menschliche Liebe
das Universum zu einem Spiegel des glorreichen Gottes im Himmel machen.

DER STANGE DES TODES.

„Ist Sünde denn gerecht?“
Nein, Liebling, komm jetzt und
streiche das Haar
von seiner sonnigen Stirn . Sieh, hier ist
auf seinem Kopf ein
blutrotes
Brandmal eingraviert,
das Wort: „Reue“.

„Ist die Sünde so flüchtig
, dass unsere Hände und Füße
ihre Wege gehen können,
während sie bleibt ?“
Nein, Liebling, sein Atem
schmiegt sich an uns wie der Tod ,
er löscht das Verlangen
mit flüssigem Feuer.

„Ist die Sünde der Stachel des Todes?“
Ja, das ist sie sicher. Ihre
goldenen Flügel
verdunkeln die Glückseligkeit des Menschen.
Und wenn der Tod kommt,
sitzt die Sünde da und summt
dem Menschen ein Lied der Ängste ins Ohr.

„Wie tötet man die Sünde?“
Zuerst verbirgt sich Gott ,
und das Herz wird
von sich selbst getadelt .
Dann wird das verrückte Gehirn
von Schmerzen gepeinigt,
sodass es wie zuvor sündigt
und immer mehr,
für immer und ewig.

Der Richter.

Glaubst du, dass du
von Sünde so weiß bist
wie eine Platte aus Delf ,
innen und außen?
Wenn deine Augen
Christi gütiges Gesicht erblicken, das sich
von seinem goldenen Thron neigt
, um zu prüfen, was
über das vergangene Leben gesagt wird,
WIRST DU wie ein Aussätziger von einst
rufen: „Unrein!
Unrein! Unrein!“

Und denkst du dies –
dass du dein Herz richtig
beurteilst , wie es
in den Augen Gottes und der Menschen ist?
Narr, nimm dein Licht und
steige die steile Treppe
hinab in die tiefen Kerker deines Herzens
und durchsuche und fege sie,
bis ihre Geister entlarvt sind;
sonst wirst du, wenn das Gericht kommt,
starr und stumm dastehen,
wenn die erste Frage gestellt wird.

DIE BEIDEN HERRINNEN.

ACH , wehe mir, mein Herz ist in trauriger Lage, ich bin
in Unrecht und Recht gleichermaßen
verliebt . Das Recht hat die süßere Anmut,
aber das Unrecht das hübschere Antlitz.
Ach, wehe mir, mein Herz ist in trauriger Lage.

Und das Recht ist eifersüchtig, dass ich das Unrecht bestehen lasse ;
doch das Unrecht erscheint süßer, wenn ich mich abwende.
Das Recht ist nüchtern wie die Wahrheit ,
doch das Unrecht ist jung;
also ist das Recht eifersüchtig, dass ich das Unrecht bestehen lasse.

Wenn ich glücklich bin und mit dem Recht allein gelassen werde,
dann huscht das Unrecht vorbei und verdrängt es aus meinem Blickfeld.
Ich folge ihm und ärgere mich
und vergesse erneut,
dass ich glücklich bin, wenn ich mit dem Recht allein gelassen werde.

Ach, Gott! Hab doch Mitleid mit meinem Herzen!
Ich bin eine blinde Marionette, nimm meine Rolle ein!
Züchtige meine wandernde Liebe ,
richte sie auf die Dinge oben:
Ach, Gott! Hab doch Mitleid mit meinem Herzen!

IM WALD.

DIES ist Gottes Haus – der blaue Himmel ist die Decke,
dieser Wald der weiche grüne Teppich für seine Füße,
diese Hügel seine Treppen, über die die Bäche herabkommen und
mit ihrem Kinderlachen die Erde süßer machen.

Und hier kommen seine Freunde, Wolken und sanfte, seufzende Winde ,
und kleine Vögel, aus deren Kehlen ihre Liebe strömt,
und Frühling und Sommer und der weiße Schnee, der
darüber mit den Schatten kahler Zweige gesprenkelt ist.

Und hier kommen Sonnenstrahlen, die durch die grünen Blätter dringen,
und Schatten von den überzogenen Sturmwolken,
und warme, stille Nächte, wenn Mutter Erde so spät betet,
dass ihre Mondkerze bis zum Morgengrauen brennt.

Süßes Haus Gottes, süße Erde, so voller Freude ,
ich betrete deine Tore bei Sturm oder Ruhe;
und jeder Sonnenstrahl ist eine Freude und ein Schatz,
und jede Wolke ein Trost und ein Balsam.

KALVARIENBERG.

O TRAURIGES Herz der Menschheit, gescheitert in deinem Kampf um die Vorherrschaft,
gebeugt von der Last der Leere, geschwärzt von Leidenschaft und Leid;
hier ist ein Glaube, der dich auf dem Schwung allmächtiger Schwingen
hinauf in den Himmel des Sieges trägt, um dort erkannt zu werden und zu
wissen.

Hier ist die Vision von Golgatha, gekrönt mit der Offenbarung der Welt,
thronend in der Erhabenheit der Düsternis und dem Donner, der die Toten
belebt;
ein Meteor der Hoffnung leuchtet in der Dunkelheit hervor wie ein neues
Sternbild,
teilt die Nacht unserer Trauer und offenbart uns einen Weg, während wir
ihn beschreiten.

Nun haben die Füße des Eroberers die Pforten des Todes betreten.
Die Flammen der untergehenden Sonne rollen über die Stadt des
Untergangs, und in ein Gewand aus kaiserlichem Purpur
hüllt sich der Körper triumphierend ,
nackt und weiß zwischen Dieben und Geistern, die aus dem Grab
gekrochen sind.

O Seele, die du in der Unermesslichkeit verloren bist, die sich nach Licht
sehnt und verzweifelt .
Hier ist die Hand des Gekreuzigten, in ihren Adern pulsiert Liebe. Sie
berührt uns menschlich wie die unseren, und die Sehnen der Gottheit
tragen
die Zonen der hängenden Planeten, die Last der Winde und der Regenfälle.

Hier im Herzen des Gekreuzigten findest du Zuflucht und Unterschlupf.
Liebe im Innersten des Universums, Führung und Frieden in der Nacht.
Jahrhunderte vergehen wie eine Flut, doch der Fels unserer Stärke bleibt
bestehen,
verankert in den Tiefen der Ewigkeit, umgürtet mit einem Mantel aus Licht.

Siehe, während wir staunen und anbeten, rollt die Nacht der Zweifel, die
Ihn verbergen ,
vom Antlitz der Morgendämmerung, bis Seine Strahlen durch die
Wolkenspalten dringen;
Verborgene
Dämpfe verdichten sich zum Tau Seiner Gnade, der Ihn offenbart, und mit

Seinem Licht auf die Hügel strahlt, während wir im Glanz der Hoffnung aufsteigen.

BEIM LAUDS.

Es ist süß, vor der Morgendämmerung aufzuwachen ,
wenn alle Hähne krähen,
und von meinem Fenster auf dem Rasen aus
zuzusehen, wie sich der Schleier der Nacht lüftet,
und den frischen Wind wehen zu spüren.

Ich höre das Murmeln der Wasserfälle ,
die die ganze Nacht Wache halten.
Und nun erwachen die Bäume leise aus ihrem Schlaf
, als hätten sie Angst, ihre neben ihnen schlummernden
Nachbarn zu wecken .

Lieber Herr, solch wundersame Gedanken an Dich
erfüllen meine verzückte Seele ,
dass mein innerstes Herz wie ein Vogel auf dem Baum
mit süßem, aber wortlosem Minnesängergesang
erbebt.

AUF DEM KIRCHHOF.

WÄHREND meine Füße nun dorthin irren,
wo all die Toten liegen ,
oh Bäume, was sagt ihr,
das meine Seele seufzen lässt?

Dein Klang ist wie das Weinen
eines Menschen, der den Morgen fürchtet ,
oder das Schluchzen eines traurigen Herzens,
das vor Kummer schläft .

Mich dünkt, deine Wurzeln, die
unter den dunklen Erdschichten tastend ,
haben den Zweifel und die Hoffnung gefunden,
die Gotteslästerungen und Gebete,

den Wurm füttern , und
die nun aus Mitleid mit Fürsprache
den Boden von Gottes großer Stadt stürmen .

DER KRÄPSEL.

TRAF ICH AUF einer
Landstraße einen kleinen Krüppel, blass und dünn,
der vor meiner Anwesenheit wieder
den Schatten suchte, in dem er sich versteckt hatte.

Ihre eingefallenen Wangen hatte der Abendhimmel
mit seinem schwindenden Glanz geheiligt ;
und in ihren großen, strahlenden Augen
wohnte das unausgesprochene Leid eines Kindes.

Sie schlich in den Herbstwald ,
die geteilten Büsche schlossen sich hinter ihr;
Armes kleines Herz, ich verstand
die schamlose Scham, die ihr Gemüt erfüllte.

Ich verstand sie und liebte sie sehr
für dieses eine traurige Gesicht, das ich einst liebte —
und die toten Blätter fielen die Gasse hinunter ,
wie Träume, die für immer vergehen.

Eine Nocturne.

IN der kleinen französischen Kirche an der Flussbiegung,
als es regnete und der Wind in der Nacht laut war,
brannte eine Altarlampe für den mächtigen Gnadenspender,
das Heilige Jesuskind – das Licht des Lichts.

Es hing an einer Kette von der Decke und schwang, als
wolle es den ungehörigen Tumult schelten,
wie der Taktstock des Chorleiters, wenn er den Gesang verstummen lässt,
oder das Läuten einer Glocke, wenn ihr Läuten nachlässt.

Es erleuchtete die armen Papierblumen auf dem Altar , und merkwürdig
waren die Schatten, die es
auf Kanzel und Lesepult, auf Chorsitz und Psalter
streute ,
während die Ketten den Geist eines Kreuzes auf den Boden warfen.

Die Leute schliefen daheim in ihren Hütten ,
der Pfarrer lag zugedeckt in seinem Himmelbett,
und unter den Weiden kroch der Fluss dahin,
als schweige er aus Angst vor dem Wind über ihm.

Doch die kleine dunkle Kirche hatte ihre eigene Gemeinde –
die Schatten, die auf den Kirchenbänken und dem Boden schwankten –
während die knarrenden Dachsparren einen Chor bildeten, dessen
Lobgesang
im Brüllen des Hurrikans von einer Orgel untermalt wurde.

Der rostige, vergoldete Hahn auf dem Dachreiter war der Prediger ,
und man konnte seine schimpfende und mürrische Stimme hören,
als er sich dem Sturm zuwandte wie ein treuer alter Lehrer
, der ohne Rücksicht auf Angst harte Dinge prophezeit.

Doch der Gottesdienst spiegelte die Wetterlage wider ,
denn obwohl jeder, das muss ich sagen, seinen Teil mit Hingabe beitrug,
sprachen und sangen Prediger und Chor gleichzeitig,
und die Gestalten auf den Bänken wollten nie still sitzen.

Doch da war die Hostie, mitten auf dem Altar ,
wo der kleine rote Damastvorhang hing, –
der Gott, den König David im Psalter gepriesen hat
und dem der ganze Chor der Jahrhunderte gesungen hat.

Doch das Herz unseres Gottes, des Lebensspenders, ist so groß, dass sich in ihm
Humor und Pathos des Lebens vereinen. Deshalb zweifle ich nicht
daran, dass ihm in jener Nacht in der Kirche am Fluss der Gottesdienst des
armen alten Sturms süß klang.

Sonette.

AN MEINE FRAU.

SÜßE Lady, Königinstern meines Lebens und meiner Gedanken ,
deren Ehre , Herz und Name eins sind mit den meinen,
die über den stürmischen Strömungen des Lebens mit so klarem Licht
leuchtet , wie es oft
den sturmgepeitschten Geist in Häfen gebracht hat, die
von Liebe und Frieden an den rauen Rändern des Lebens
geschaffen wurden ;
ich wünsche mir keinen Wunsch, der nicht ganz Deiner ist,
ich hoffe nur, was Du selbst gesucht hast.
Du verlierst nicht, meine Lady, in der Frau das
goldene Liebeslicht unserer früheren Tage;
die Zeit verdunkelt es nicht, es steigt auf wie die Sonne,
bis Erde und Himmel strahlen. Süße, mein Leben liegt zu Deinen Füßen,
und alle Gaben und
Lobpreisungen
des Lebens sind doch nichts im Vergleich zu dem, was Dein Ritter
gewonnen hat.

EIN CY PRESS-KRANZ.

ICH.

DER TOD traf ein kleines Kind am Meer .
Das Kind war rot und hatte ein schönes Gesicht.
Sein Herz war erfreut von der scharfen, salzigen Luft,
erfüllt vom Lachen und der Fröhlichkeit der jungen Wellen.
Dann beugte sich der Tod herab und küsste ihn und sagte :
„Dir,
mein Kind, werde ich seltene und helle Sommer schenken,
und Blumen und Morgen ohne Mittag oder Nacht,
oder Wolken, die sich verdunkeln, wenn du mit mir kommst.“
Dann gab das Kind ihm freudig seine kleine Hand und
ging mit dem Tod über den glänzenden Sand.
Und plapperte fröhlich, voller Hoffnung und lächelte,
als sich ein weißer Nebel am Ufer um ihn kräuselte
und Land und Meer für immer verbarg –
Der Tod kennt keine Schrecken für ein kleines Kind.

II.

Es lebten zwei Seelen, die nur für die Liebe lebten ;
die eine eine Jungfrau, voller Freude und Jugend,
die andere ihr junger Herr, ein Mann der Treue
und sehr tapfer. Gott im Himmel verband
sie mit jenen heiligen Banden, die niemand lösen kann,
außer dem, der sie geformt hat. Doch im nächsten Jahr kam
Gottes Engel mit seinem Gesicht und seinen Flügeln aus Flammen und
trug die Seele der jungen Frau wie eine Taube davon.
Dann flehte ihr Herr, der viele Jahre lang untröstlich war ,
bitterlich zu Gott, er möge sie vereinen,
ihm das Leben nehmen und die süße Vergangenheit zum Schweigen
bringen.
So kam der Tod zärtlich und trank seine Tränen ,
gekleidet als Priester, und unter der Wintersonne
in einem weißen Grab vermählte er sie schließlich wieder.

III.

sprach zum Leben: „Siehe, welche Kraft ich habe .
Alle anderen gehen zugrunde, doch ich versage nicht.

Wo das Leben am meisten im Überfluss vorhanden ist , herrsche ich am
meisten.
Ich messe alles mit meinem Maßstab."
Da antwortete das Leben: „O prahlerischer Tod, nicht dein.
Der endgültige Triumph. Was deine Hände zunichte machen ,
vergisst mein geschäftiger Amboss von neuem .
Denn eine Lampe ist verdunkelt, ich bringe zwei zum Leuchten."
Da antwortete der Tod: „Dein Werk ist schön ,
doch ein leichter Hauch wird es zu Staub zerfallen lassen."
„Nein, Tod", sagte das Leben, „denn in der Frühlingsluft bricht
eine süßere Blüte die Kruste des Winters."
Dann rief Gott herab und beendete den törichten Streit .
Er war beides seine Diener, denn Gott schuf Tod und Leben.

KOLUMBUS.

ER vernahm die Worte, die der Donner des Ozeans
in vergangenen Tagen an die achtlosen Ostküsten schleuderte ,
und
entrollte in seinen Träumen den sich immer weiter nach Westen
bewegenden Himmel als Zeichen einer herrlichen Hoffnung.
So setzte er mit festem Blick seinen Kurs fort, weiter zu der Nebelwand, die sich
um die untergehende Sonne
windet, und riss im Vertrauen auf Gott im Himmel
die Tore einer größeren Welt weit auf.

Das Herz, das in jenen trüben Herbstnächten über
das weite, dunkle Meer wachte und nach dem neuen Reich des Menschen suchte, hat
allein und ohne Beifall eine erhabene Tat vollbracht,
die wie ein Stern hinter dem Polarlicht
durch die Pracht der größten menschlichen Gedanken leuchten wird,
durch goldene Zeitalter bis ans Ende der Zeit.

1892.

IDOLE.

IM Herzen eines jeden Menschen steht ein geheimer Tempel
für götzendienerische Riten des Lobpreises und Gebets .
Und dunkle Götzenbilder in der erzürnten Luft,
auf einzelnen Thronen oder in merkwürdigen Gruppen angeordnet,
blicken auf die Lampe, die in den Händen der Erinnerung schwingt.
Einige sind reich geschnitzt und haben Gesichter von seltener Schönheit,
andere haben tierische Köpfe und schmutzige und nackte Brüste,
sind jedoch mit Gold und Edelsteinen aus fernen Ländern gekrönt.

Nimm nun deine Fackel, steige die gewundenen Jahre hinab ,
die stille Treppe zu deinem geheimen Schrein,
und sieh, was Dagon auf dem obersten Regal
mit aggressiver Front krönt, dem durch Hoffnungen und Ängste hindurch
in unaufhörlicher Verehrung eine Liebe dient, die jeden seiner Makel als
göttlich ansieht
– ist Dagon nicht DAS SELBST?

SOLOMON.

EINE DOPPELTE Reihe schneeweißer Säulen ,
gewölbt mit Mosaiken voller Blumen,
formt diesen Zypressenhain quadratisch, in dem Springbrunnen
aus goldenen Becken das Gras darunter kühlen,
während aus dem Torbogen Musikklänge erklingen
und das Lachen schöner Mädchen die Stunden vertreibt.
Doch grübelnd, wie jemand, der von bösen Mächten gefangen ist ,
achtet der große König nicht darauf und geht traurig und langsam auf und
ab.

Sein Herz hat alle Freuden der Erde ausgesaugt und
bebt vor den schönsten Ekstasen des Lebens.
Doch nun enthüllt ihm eine Macht wie in einem Spiegel
die Unruhe der Seele und die dunklen Geheimnisse des Todes.
Und in den Höfen sehen ihm die verängstigten Sklaven nach, als er
vorbeigeht,
und rufen immer wieder: „ *Omnia Vanitas !* "

RAUS AUS DEM STURM.

DIE gewaltigen Winde sammeln sich auf dem mitternächtlichen See ,
zottelig vom Regen und laut mit schaumweißen Füßen.
Dann rasen sie meilenweit durch die Dunkelheit, bis sie auf
die Schiffe im Hafen und die Plätze der Stadt treffen. Und sie wecken
aus Kirchtürmen, Kuppeln und Häusern Geräusche, die
eine menschliche Sprache annehmen, um den verrückten Lauf des Sturms
zu begrüßen.
Und alptraumhafte Stimmen dringen kreischend durch Regen und
Schneeregen
, bis die Felssehnen der Stadt erzittern.

Heult, Winde, um uns herum in diesem gasbeleuchteten Raum!
Wilder See, donnert gegen die Gitterstäbe deines Gefängnisses! Das
Leben eines Bruders verebbt schnell ,
und, eure Musik durch die Dunkelheit tragend,
vermischt sich eine reine Seele mit den Morgensternen
und verschmilzt mit ihnen im Feuer des Tages.

ST. LUKE'S HOSPITAL ,
DULUTH , 17. Mai 1894.

www.ingramcontent.com/pod-product-compliance
Lightning Source LLC
LaVergne TN
LVHW041747190726
843493LV00008B/2485